BEI GRIN MACHT SICH IHR WISSEN BEZAHLT

- Wir veröffentlichen Ihre Hausarbeit, Bachelor- und Masterarbeit

- Ihr eigenes eBook und Buch - weltweit in allen wichtigen Shops

- Verdienen Sie an jedem Verkauf

Jetzt bei www.GRIN.com hochladen und kostenlos publizieren

Bibliografische Information der Deutschen Nationalbibliothek:

Die Deutsche Bibliothek verzeichnet diese Publikation in der Deutschen Nationalbibliografie; detaillierte bibliografische Daten sind im Internet über http://dnb.d-nb.de/ abrufbar.

Dieses Werk sowie alle darin enthaltenen einzelnen Beiträge und Abbildungen sind urheberrechtlich geschützt. Jede Verwertung, die nicht ausdrücklich vom Urheberrechtsschutz zugelassen ist, bedarf der vorherigen Zustimmung des Verlages. Das gilt insbesondere für Vervielfältigungen, Bearbeitungen, Übersetzungen, Mikroverfilmungen, Auswertungen durch Datenbanken und für die Einspeicherung und Verarbeitung in elektronische Systeme. Alle Rechte, auch die des auszugsweisen Nachdrucks, der fotomechanischen Wiedergabe (einschließlich Mikrokopie) sowie der Auswertung durch Datenbanken oder ähnliche Einrichtungen, vorbehalten.

Impressum:

Copyright © 2017 GRIN Verlag
Druck und Bindung: Books on Demand GmbH, Norderstedt Germany
ISBN: 9783668632615

Dieses Buch bei GRIN:

https://www.grin.com/document/384479

John Mönch

Die Staatsverschuldung Deutschlands. Vor- und Nachteile einer Schuldenbremse

GRIN Verlag

GRIN - Your knowledge has value

Der GRIN Verlag publiziert seit 1998 wissenschaftliche Arbeiten von Studenten, Hochschullehrern und anderen Akademikern als eBook und gedrucktes Buch. Die Verlagswebsite www.grin.com ist die ideale Plattform zur Veröffentlichung von Hausarbeiten, Abschlussarbeiten, wissenschaftlichen Aufsätzen, Dissertationen und Fachbüchern.

Besuchen Sie uns im Internet:

http://www.grin.com/

http://www.facebook.com/grincom

http://www.twitter.com/grin_com

Die Staatsverschuldung Deutschlands- Vor und Nachteile einer Schuldenbremse

Inhalt
1. Allgemeines 2
2. Ursachen der Staatsverschuldung 2
3. Methoden zur Senkung/Stabilisierung der Staatsverschuldung 4
   3.1 Fiskalpolitik Deutschlands 4
   3.2 Die Strategie der „schwarzen Null" 4
      3.2.2 Positive Kritik 5
      3.2.3 Negative Kritik 5
4. Fazit 6
5. Quellen 8
   5.1 Bildquellen 8
   5.2 Textquellen 8

1. Allgemeines

„Der Begriff der Staatsverschuldung ist definiert als der Gesamtbetrag der Verschuldung der öffentlichen Gebietskörperschaften (Bund, Länder, Kommunen)."[1] Die Gläubiger können dabei recht unterschiedlich sein. Es können Privatpersonen Kreditor sein, jedoch kommt es häufiger vor dass es sich bei den Kreditoren um Firmen, Banken oder auch andere Staaten handelt[2]. Die Staatsverschuldung Deutschland beträgt ungefähr 2.000 Milliarden Euro und somit 68,1 % des Bruttoinlandproduktes[3]. Den Höchststand der Staatsverschuldung besaß Deutschland 2010 mit rund 80% des BIP. Seit 2012 sinkt die Staatsverschuldung Deutschlands kontinuierlich. Andere Staaten wie beispielsweise Frankreich (96,5% Staatsverschuldung des BIP) oder auch Großbritannien (88,3% Staatsverschuldung des BIP) sind ebenso von der Problematik der Staatsverschuldung betroffen. Die höchste Staatsverschuldung besitzt Griechenland mit 180,8% seines Bruttoinlandsproduktes. Dass ein Staat Staatsschulden besitzt, ist nichts Außergewöhnliches. Deshalb gibt es auch lediglich 5 Länder welche keine Staatsschulden besitzen. Bei diesen handelt es sich ausnahmslos um kleinere unbedeutendere Volkswirtschaften, wie beispielsweise die britischen Jungferninseln oder auch das Sultanat Brunei.

2. Ursachen der Staatsverschuldung

Im Vergleich mit den Siegermächten besaß Deutschland 1948 durch die Währungsreform relativ wenig Schulden. Dadurch dass die Reichsmark von der D-Mark abgelöst wurde, vereinbarte man im Vorfeld Umrechnungen zwischen den beiden Währungen. So wurden Löhne, Mieten Und auch bspw. Renten im Verhältnis 1:1 umgetauscht. Im Gegensatz dazu war die Umrechnung von Schulden 10:1. Logischerweise ergibt sich daraus, dass die Staatsverschuldung auf 10% sank. Aus diesem Grund hatte Deutschland anfangs eine recht geringe Staatsverschuldung von ungefähr 20 % des BIPs. Diese Zahl blieb bis in die 70er Jahre auch recht konstant. In der Abb1 wird deutlich, dass es in Deutschland drei besonders gravierende Anstiege der Staatsverschuldung gab. Die drei Wendepunkte sind 1974, 1990 sowie 2008. Im Folgenden möchte ich die Ursachen erläutern weswegen gerade in diesen Jahren die Staatsverschuldung exponentiell anstieg.

---

[1] Aus: https://www.haushaltssteuerung.de/lexikon-staatsverschuldung.html
[2] Ein prominentes Beispiel stellt dabei Griechenland dar. Um die Staatsverschuldung des südeuropäischen Landes zu dezimieren, retteten die Europäische Zentralbank, sowie der Internationale Währungsfond mit immensen Krediten den Staat vor dem Bankrott. Die meisten finanziellen Mittel kamen damals von den Mitgliedsstaaten der EU. Bis heute schuldet Griechenland so mehreren Ländern Milliarden.
[3] Im weiteren werde ich als vergleichswert den BIP verwenden, da aufgrund der unterschiedlichen Bevölkerungsanzahl, sowie der verschieden hohen Volkswirtschaftskraft der verschiedenen Länder, man diese ansonsten nicht vergleichen kann.

Das erste Mal stieg die Staatsverschuldung durch die Ölpreiskrise um 1973 [4] deutlich an. Der Ölpreis versechsfachte sich so zwischen 1973 und 1984. Dies hatte immense ökonomische Auswirkungen daraus resultiert dass die Staatsverschuldung zwischen 1974 und 1986 verdoppelte.

Ab 1990 bis 1998 ist eine weitere deutliche Erhöhung der Staatsverschuldung erkennbar. Diese steht in engem Zusammenhang mit der Wiedervereinigung Deutschlands. Hierbei kam es auf zweierlei Weise zur Erhöhung der Staatsverschuldung. Zum einen befand sich die DDR bis zu ihrem Zusammenbruch in einer wirtschaftlich/finanziellen Krise. Dies bedeutete dass die Deutsche Demokratische Republik bis zu ihrer Auflösung 28 Mrd. DM Schulden anhäufte. Diesen Schuldenberg musste die BRD bei der Angliederung der DDR mit übernehmen. Ein weiterer Grund, weswegen die Staatsverschuldung nach der Wiedervereinigung anstieg, ist der immense Investitionsbedarf der neuen Bundesländer in infrastrukturellen Fragen.

Die dritte Ursache für die massive Erhöhung der Staatsschulden ist die Finanzkrise im Jahr 2008 und mit den damit verbundenen Maßnahmen des Bundes. Um mögliche Insolvenzen von europäischen Banken zu verhindern die gravierend negative Folgen für die Anleger gehabt hätten, beteiligte sich Deutschland am Finanzmarktstabilisierungsfonds[5], sodass die Liquidität der einzelnen Banken zu gewehrleistet werden konnte. Als Folge der Finanzkrise wurde, wie oben schon erwähnt, der griechische Staat mit Krediten unterstützt, um diesen ebenfalls vor einer möglichen Illiquidität zu bewahren. Auch diese Maßnahmen führten zu einer Erhöhung der Staatsschulden.

Ein weiterer, ereignisunabhängiger Grund, der auch erklärt weswegen die Staatsschulden auch in krisenlosen Zeiten ansteigen sind die Zinsen sowie die Zinseszinsen. Wenn eine Schuld nicht beglichen wird, laufen außer den Zinsen auch Zinsen von den Zinsen in gewaltiger Höhe auf. So kann man als Beispiels exemplarisch berechnen: Wenn eine Schuld von 100 € mit 7% verzinst und nie bedient wird, werden daraus in 50 Jahren 2950 € und in 137 Jahren 1 Mio. €. [6]

---

[4] „Die erste und folgenreichste Ölpreiskrise wurde im Herbst 1973 anlässlich des Jom-Kippur-Krieges (6. bis 26. Oktober 1973) ausgelöst. Die Organisation der arabischen Erdöl exportierenden Staaten (OAPEC) drosselte bewusst die Fördermengen um etwa fünf Prozent, um die westlichen Länder bezüglich ihrer Unterstützung Israels unter Druck zu setzen." Aus: David S. Painter: *Oil and Geopolitics: The Oil Crises of the 1970s and the Cold War.* In: *Historical Social Research.* Band 39, Nr. 4.
[5] Umgangssprachlich auch besser als Bankenrettungsschirm bekannt.
[6] Vgl. http://www.staatsverschuldung.de/ursach.htm

3. Methoden zur Senkung/Stabilisierung der Staatsverschuldung

3.1 Fiskalpolitik Deutschlands

„Unter Fiskalpolitik versteht man alle Maßnahmen des Staates, mit denen die konjunkturelle Entwicklung gelenkt werden soll."[7] Dies geschieht indem öffentliche Einnahmen und Ausgaben reguliert werden. Die Fiskalpolitik hat den Zweck, konjunkturelle Schwankungen auszugleichen, wodurch ein stabiles Wirtschaftswachstum erzeugt werden soll. Als Ziele der Fiskalpolitik kann man unter anderem formulieren dass Konjunkturschwankungen stabilisiert werden sollen, der Beschäftigungsgrad hoch ist, sowie eine kontinuierlich geringe Inflation. Ein weiterer positiver Nebeneffekt ist, dass bei optimaler Nutzung der fiskalpolitischen Instrumente die Staatsverschuldung verringert werden kann.

Um die oben genannten Ziele erreichen zu können wird versucht dass Staatsausgaben(z.B Sozialleistungen) und Staatseinnahmen (z.B Steuern) antizyklisch ausgerichtet sind. Es wird zwischen expansiven(nachfragsteigernden), sowie restriktiven(nachfragesenkenden) fiskalpolitischen Instrumenten unterschieden. Als expansives Instrument kann man beispielsweise, dass Senken der Verbrauchersteuer und der Einkommenssteuer benennen oder auch die vermehrte Vergabe von öffentlichen Aufträgen sowie dem stärken der Sozialleistungen. Dies führt dazu, beziehungsweise soll dazu führen, dass die Kaufkraft angekurbelt wird, wodurch die Industrie mehr herstellen kann, die Steuern steigen und die Wirtschaft insgesamt boomt. Dies wird in der Finanzwirtschaft auch als Multiplikatoreffekt bezeichnet und kann zu einer Senkung der Staatswirtschaft führen.

Umgekehrt verhält es sich bei restriktiv fiskalpolitischen Instrumenten. Dabei werden Steuern erhöht, Sozialleistungen gesenkt, etc.

3.2 Die Strategie der „schwarzen Null"

3.2.1 Allgemeines

„Bezeichnung für einen ausgeglichenen öffentlichen Haushalt, bei dem die Ausgaben die Einnahmen nicht übersteigen und kein Anstieg der öffentlichen Schulden, also keine Neuverschuldung, notwendig ist."[8]

Die schwarze Null ist untrennbar mit dem Politiker Wolfgang Schäuble verbunden, der sie als Finanzminister Deutschlands 2009 propagierte und diese so im Bundestag und Bundesrat mit einer Zweidrittelmehrheit erfolgreich verabschiedet wurde. Die Schuldenbremse wurde in das Grundgesetz als Artikel 109(3) aufgenommen und besagt: „Die Haushalte von Bund und Ländern sind grundsätzlich ohne Einnahmen aus Krediten auszugleichen"[9]. Im Zusammenhang mit

---

[7] Aus : https://www.gevestor.de/details/fiskalpolitik-definition-und-erklarung-648515.html
[8] http://www.bpb.de/nachschlagen/lexika/lexikon-der-wirtschaft/240511/schwarze-null
[9] Aus: Grundgesetz Artikel 109; Absatz 3

der Schuldenbremse soll die schwarze Null, die Staatsverschuldung auf Grundlage des Maastrichter Kriteritums unter 60 % des BIP senken.

3.2.2 Positive Kritik

Befürworter halten die Schuldenbremse für unbedingt notwendig und längst überfällig. So argumentieren sie mit folgenden Argumenten. Zum einen führt es zu einem Teufelskreis falls der Staat nicht versucht seine Kredite abzubezahlen. Denn je höher die Schulden werten desto mehr steigen auch die Zinsen und die Zinseszinsen. Dies würde sich immer weiter aufwiegeln sodass es ab einem gewissen Punkt für den Staat nicht einmal mehr möglich ist, die Zinsen abzubezahlen. Außerdem ist das Abbezahlen von Schulden auch ein recht symbolischer Akt. Der Staat befindet sich in gewisser Weise in einer Art Vorbildfunktion. Indem man ständig Privatpersonen propagiert ihre Schulden abzubezahlen und sich keine zu hohen Kredite zuzumuten, macht man sich Unglaubwürdig, wenn man selber nicht in der Lage ist seine Schulen abzubezahlen. Das nächste Argument was für eine Schuldenbremse spricht ist rein pragmatischer Natur. So hat die EU ein Gesetz, besser bekannt als Maastricht Kriterium aufgestellt was besagt dass ein Staat maximal 60% seines BIP als Schulden besitzen darf. Obwohl es keinerlei Strafen für das missachten dieser Regelung gibt, ist die Überschreitung der 60% Norm nicht Verfassungskonform und muss somit vermieden werden. Der wesentlichste Punkt jedoch, wodurch auch die Bundesregierung bewogen wurde für die Schuldenbremse zu plädieren ist der Fall Griechenland was aufgrund der immensen Schulden kaum noch in der Lage war die Staatsbediensteten zu finanzieren und durch eine Spirale wurden ebenfalls die griechischen Banken zahlungsunfähig was zu einer Panik bei den Anliegern führte. Wodurch Griechenland am Rande der Anarchie stand und nur durch die Hilfe anderer Länder diesem Schicksal entgehen konnte. Aus Angst dass Deutschland dieses Schicksal ebenfalls drohen könnte, einigte man sich damals auf die Schuldenbremse.

3.2.3 Negative Kritik

Jedoch existieren auch nicht von der Hand zu weisende Argumente, die sich klar gegen eine Schuldenbremse aussprechen. So ist Deutschland sogar noch ein recht kleiner Kreditor, im Vergleich mit anderen großen Industrienationen. Großbritannien besitzt 88,3 % Schulden, gemessenen am BIP. Frankreich hat sogar rund 96,5% des BIPs an Schulden und die größte Wirtschaftsmacht, die USA, hat sogar 108% des BIPs an Staatsschulden. Somit ist Deutschland eigentlich sogar ein vorzeige Staat und nicht darauf angewiesen Schulden abzubauen, argumentieren Schuldenbremsen-Gegner. Des Weiteren besteht die Gefahr bei einer Schuldenbremse dass, wichtige Investitionen nicht getätigt werden können, da der Staat auf Sparkurs ist. Führt man sich noch einmal die Grundzüge der Fiskalpolitik vor Augen, dann wird einem besonders klar worauf dies hinausläuft. So sieht die Fiskalpolitik vor dass man trotz Investitionen in die Sozialpolitik die Volkswirtschaft ankurbeln kann und letzten Endes so auch zu einem Rückgang der Schulden beitragen kann. Dies bewirkt dass Investitionen dennoch möglich sind jedoch mit Ausnahme von Investitionen im Sektor der Bildung, da dort auf kurze Sicht Investitionen keine Stärkung der Volkswirtschaft bedeuten und so diese nicht für die Fiskalpolitik attraktiv ist. Dabei ist Bildung jedoch nur ein Beispiel. Auch Investitionen in die Infrastruktur können zu kurz kommen und so Straßen beispielsweise immer schlechter werden. Des Weiteren kann es dazu führen, dass wichtige Investitionen fehlen, die dazu beitragen, dass Deutschland als Wirtschaftsstandort weiterhin erfolgreich bleibt, wie beispielsweise der digitalen Vernetzung, was heutzutage eine hohe Priorität bei der Attraktivität eines Standortes hat. Derzeit hängt Deutschland im internationalen Vergleich da weit hinterher.

4.Fazit

Zusammenfassend kann man sagen, dass eine Schuldenbremse ein notwendiger Schritt ist, da alle Staaten früher oder später dazu gezwungen sind diesen zu gehen. Wenn Deutschland sich auf diesem Gebiet als Vorreiter profilieren kann, würde das auf den Wirtschaftsstandort Deutschland positive Auswirkungen haben und seine Spitzenposition bewahren. Dennoch muss man Vorsichtig sein, denn ebenso wäre es umgekehrt möglich, dass durch die Sparpolitik wichtige Investitionen fehlen und die Auswirkungen davon erst längerfristig bemerkbar sind, wie es beispielsweise auf dem Gebiet der Bildung wäre. Deshalb halte ich eine Sparpolitik zwar für sinnvoll, jedoch muss diese im überschaubaren Rahmen ablaufen und darf nicht darauf abzielen, Deutschland komplett Schuldenfrei zu bekommen, da dies nicht realisierbar ist und keine andere Industrienation dies realisieren konnte. Des Weiteren müssen Ausnahmeregelungen geschaffen werden, die eine „Ratenpause" in Ausnahmefällen legitimieren, wie beispielsweise der Flüchtlingskrise, wo Deutschland Gelder für die Integration der Flüchtlinge benötigt. Wenn diese Rahmenbedingungen gegeben sind, steht nichts der Schuldenbremse entgegen.

(Abb. 1)

(Abb. 2)

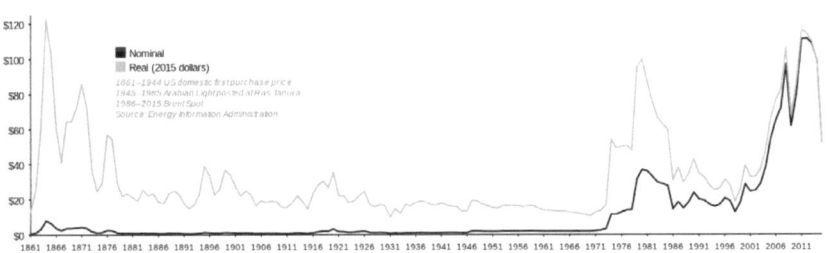

(Abb. 3)

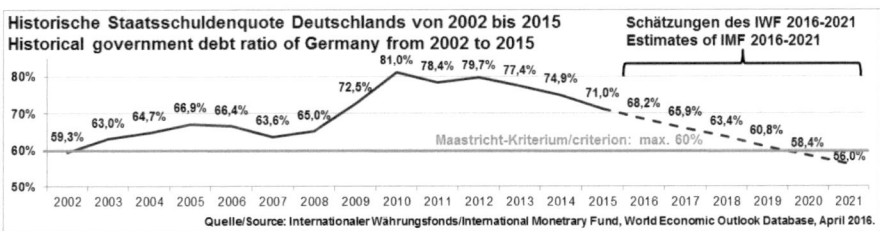

5. Quellen

5.1 Bildquellen
(Abb.1): www.boerse.de

(Abb.2): https://de.wikipedia.org/wiki/%C3%96lpreiskrise#/media/File:Oil_Prices_Since_1861.svg

(Abb.3): Internationaler Währungsfond, April 2016

5.2 Textquellen
https://www.gevestor.de

Grundgesetz Artikel 109; Absatz 3

http://www.bpb.de/nachschlagen/lexika/lexikon-der-wirtschaft/240511/schwarze-null

David S. Painter: *Oil and Geopolitics: The Oil Crises of the 1970s and the Cold War*. In: *Historical Social Research*. Band 39, Nr. 4.

http://www.staatsverschuldung.de/ursach.html

https://www.haushaltssteuerung.de/lexikon-staatsverschuldung.html

BEI GRIN MACHT SICH IHR WISSEN BEZAHLT

- Wir veröffentlichen Ihre Hausarbeit, Bachelor- und Masterarbeit

- Ihr eigenes eBook und Buch - weltweit in allen wichtigen Shops

- Verdienen Sie an jedem Verkauf

Jetzt bei www.GRIN.com hochladen und kostenlos publizieren